THE BOOK FOR
SALAD IDEAS

驚くほどシンプルでおいしくなる

サラダのアイデア帖

クックパッド
コーポレートブランディング部本部長

小竹貴子

PHP

はじめに

料理が得意になる
第一歩は「サラダ」です

サラダ作りはとてもシンプル。

必要なのは、野菜とシンプルな組み合わせの調味料だけ。場合によっては、たったひとつの調味料でも、十分においしく仕上がります。

仕事帰りに、デパ地下で目に入る、色とりどりのサラダ。たまに買うならいいですが、毎日のサラダは冷蔵庫にある野菜で手軽に作るほうが、お財布も心も幸せ。

旬の野菜同士の鮮やかな色合わせ、食感の組み合わせ、味わいの濃淡、そして豊かな香り。そんなあれこれを考えながら、ときに味見をしながら形にしていくサラダ作りは、料理というにはとても気軽で、楽しさにあふれています。

今日、食べたいと思う野菜をひとつだけ。まずはそこから始めましょう。それだけで、おいしいサラダは作れます。サラダ作りには素材を活かすことができる学びがあり、そこから、料理上手への道がスタートします。

ドレッシングを買うのは、やめましょう

　サラダといえば、ドレッシングは欠かせない。

　たしかにそうではあるのです。ただし、そこに"市販品"という思い込みを重ねてはいけません。冷蔵庫の中は市販のドレッシングやタレでいっぱい。しかも、そのどれもが使い切られることはなく、古くなっていくばかり。そんな方も多いのではないでしょうか。

　ドレッシングは、野菜がもっている味わいを引き立せるもの。ですから、素材本来のうまみを信じれば、味つけもほんの少しでおいしく仕上がります。

　ごまドレッシングもフレンチドレッシングも和風ドレッシングも、家で簡単に作れます。しかも、いつも家にある材料だから新鮮で、なにより自分好みに仕上げることができるのです。誰かが作ったドレッシングは、もう必要ありません。

季節の素材を
おいしく楽しみましょう

　サラダは、旬を味わうもの。

　一年中、レタスやキャベツばかりを食べる必要はない
し、ポテトサラダ一辺倒である理由もありません。サラ
ダには一見向いていないと思う野菜、たとえばゴーヤだ
って、調理法や組み合わせ次第では、ちゃんとおいしい
サラダになります。旬の野菜は、自然の力によって育ち、
香りもよく力強い味わい。そんな野菜からたっぷりの元
気をもらいましょう。しかも、旬の野菜は価格もお手頃。
たっぷり食べられるので言うことなしです。

　また、サラダはたくさんの種類の野菜を少しずつ、色
とりどりなほうが素敵と思いがちですが、たった1種類
の野菜で作るサラダも潔くて美しいもの。サラダのビジ
ュアルは、ファッションと同じと考えてみましょう。カ
ラフルな装いも素敵だけれど、ワントーンでシックにま
とめるのも魅力的……そんなイメージです。

CONTENTS

おかずにもなる魚介のごちそうサラダ

自家製オイル漬けで満腹おかずサラダ

この本の決まりごと

● 小さじ1は5㎖、大さじ1は15㎖、1カップは200㎖です。ひ
とつまみは、親指、人差し指、中指の3本の指先でつまんだ
量くらいです。少々とは、親指と人差し指でつまんだ量くら
いです。

● 電子レンジは600Wのものを基準にしています。500Wや
700Wの場合は加熱時間を加減してください。

● 加熱調理の火加減はガスコンロ使用を基準にしています。IH
調理器などを使用する場合は、調理器具の表示を参考にして
ください。

● 野菜やきのこ類、果物は特に表記がない限り、皮をむき、種
やワタを取り除いたり、石づきを落としたり、筋を取ったり
しています。

● 塩は特に明記していない場合は、天然の塩を使っています。

● 「自家製オイル漬け」（P100〜110）は保存可能な日数を明
記しています。この保存期間は、しっかり冷まし、清潔な容
器に入れて冷蔵保存した場合の日数です。

PART

1

レシピなしで作れる
ドレッシングのルール

サラダ作りは、とても簡単。好きな野菜のおいしさを最小限の調味料で引き出せばOKです。ベースになるのはオイルと酢と少しの塩。さらにハーブやスパイスをプラスして、どんどんカスタマイズしていきましょう。柑橘を使ったり、しょうゆを使ったり、ねりごまでコクを出してみたり。あれこれ試しながら、あなたらしいサラダを作ってください。

RULE | 01 |

「オイル1：酢1：塩分」で、 味のバリエーションは無限大

　自分でドレッシングを作るとき、ぜひ覚えていただきたいルールがあります。それは、オイルと酢の割合。「両手いっぱいの野菜に対して、オイルと酢を1：1が基本」と覚えておくと、どんなサラダの場合もおおよそ間違いのない味になります。そこに、好みの塩気を少々。あとは、砂糖やはちみつ、あるいはメイプルシロップなど甘味を足してカスタマイズ。

　そして私が大事にしているのは調味料を先に混ぜ合わせないこと。大きなボウルにオイルと酢と塩分を入れたら、そのままで。そこに野菜を加え、とくに繊細な葉野菜の場合は、傷つけないようにできるだけ手を使ってふわりと混ぜましょう。最初に混ぜなくても自然と乳化されます。

》よく使うオイルと調味料

オリーブオイル
「ノリーブ」というブランドのスペイン産のオリーブオイルを愛用。青りんごを思わせる、フルーティーな香り。

ごま油
ごま油は「岩井のごま油」がお気に入り。化学的製法や添加物を使用せず、伝統的な圧搾法で作られている。

リンゴ酢
りんごを原料にした、まろやかな酸味のお酢。酸味が尖っていないので、サラダがやさしい味わいに仕上がる。

ポン酢
ポン酢は塩味と酢、さらにだしのうまみを1本にした万能調味料。気に入った味の1本を常備すると便利。

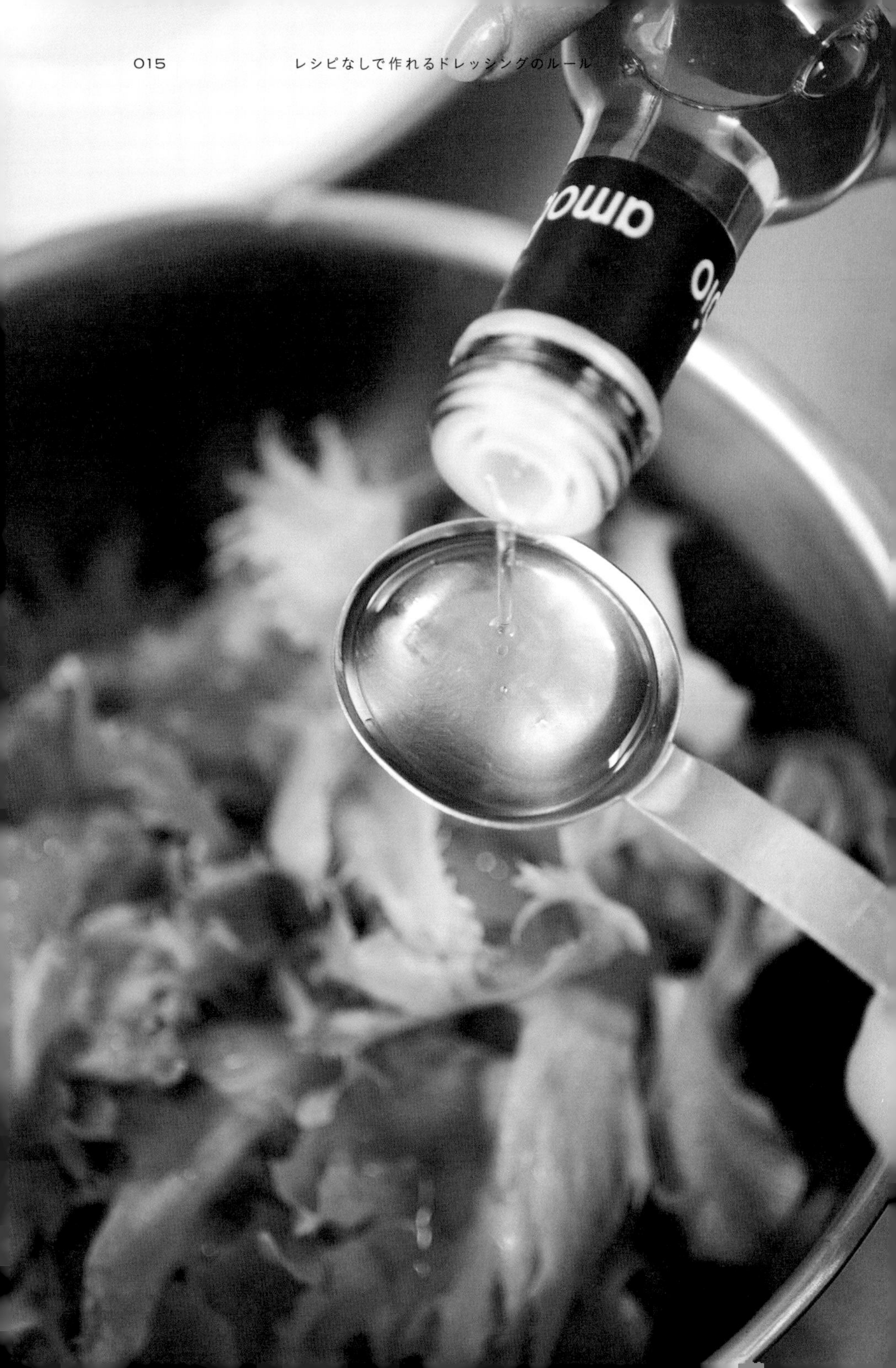

RULE | O2 |

少しの塩とオイルだけで、
野菜はおいしい

　うまみの強い野菜を使う場合、味つけはよりシンプルにできます。たとえば、トマト。野菜自体にうまみも酸味もありますから、オイルと塩だけで十分おいしいのです。そしてこの場合は、要素が少ないだけにそれぞれの味わいも大切。オイルは香りのいいものを選ぶと、おいしさがレベルアップします。洋風ならオリーブオイル、和や中華のイメージならごま油、と使い分けるのもポイントです。

　塩分も、塩だけでなくしょうゆだったり、みそだったり、ときにはコクのあるアンチョビを使ってみるのもおすすめ。ちなみに、葉野菜をオイルと塩で食べたいときは、まずはオイルでコーティングしてから。はじめに塩を振ると水気が出てしまうので、順番には気をつけましょう。

うまみの強いマッシュルームには、余計な味つけは不要。自然塩と上質なオリーブオイルだけで、十分なおいしさになる。食感にリズムを加えるために、松の実をプラス

RULE | 03 |

ハーブやスパイス類で
香りをプラス

　ハーブは少し入れるだけでもサラダの風味を豊かにし、おしゃれな印象にしてくれます。さらに、ポイント使いにするだけでなく、"野菜"として使ってみると、また新たなおいしさに出合えます。ひと口ごとに、さわやかな香りがいっぱいに広がるサラダは、食卓の清涼剤。味つけはその香りを打ち消さないよう、できるだけシンプルに仕上げるのがおすすめです。

ルッコラ、イタリアンパセリ、ディル、バジル、ミント……そしてメイン料理の添えもののイメージのパセリも、サラダに入れてみれば、その清々しい香りと存在感に驚く。

ピンクペッパーは辛味が穏やかで、
ビジュアルのアクセントにもなる
ので便利。マスタードシードやク
ミンシード、フェンネルシードな
ど、まずは少量からトライして。

スパイスで味わいに深みを

　煮込み料理に使うイメージが強いスパイスですが、サラダに
もどんどん使いましょう。とくにホールスパイスは、プチッと
した食感もアクセントになります。ほんのひとさじ加えるだけ
で、一気に異国の雰囲気に。少量でも効果が大きいので、分量
は様子を見ながら。レシピ通りでなくてもよく、慣れないうち
は少しずつ、好きな人はたっぷりと使ってください。

RULE | O4 |

酢を柑橘類に置き換えると、
甘味も加わる

　サラダの基本の味つけは、オイル1：酢1：塩分少し。そこに甘味やハーブなどを足しながら自分好みの味に仕上げていきますが、酢の代わりに柑橘類を使うだけで、簡単に味わいに奥行きが生まれます。その理由は、柑橘類には自然な甘味があるから。それがプラスされることで、単純な甘さ以外の味わいがもたらされるのです。また、柑橘類の種類によっても風味が変わるのもうれしいところ。オレンジなら甘味がより強く、ライムなら、青々とした香り、すだちやかぼすなら、どこか和の雰囲気が漂います。レモンとライムは、1/2個で果汁約大さじ1、と覚えておくと便利。味つけのベースに使うだけでなく、仕上げに果汁をひと絞りしてさらに香りをつけるのも素敵なアイデアです。

》コクを出したいときには

根菜など、野菜の味わいが強いときに試したいのがコクだしテクニック。おすすめは、日々のおかず作りにも便利な練りごま。そのほか、ナッツをペーストにしたものや、手軽なところではピーナッツバターも活用できる。

COLUMN　1

「オリーブオイル」
どれを選ぶのが正解？

サラダ作りで重要な役割を担うのがオリーブオイル。
その華やかな香りと風味で、サラダを確実にランクアップさせます。

風味を楽しむのならエキストラ
バージンオリーブオイル

フレッシュな味わいを楽しむサラダには、ぜひエキストラバージンを。オリーブの実を絞っただけのシンプルなもので、言ってみればオリーブのジュース。果実本来の香りや風味を味わえます。

遮光瓶に入っているものを
選ぶこと

日光や蛍光灯の光は、オイルの酸化を進めます。そこで、品質にこだわる生産者は遮光できる容器（色付き瓶、あるいは缶）に入れて出荷します。プラスチックは酸素を通しやすい素材もあるので注意。

賞味期限は必ず
確認すること

オイルは、絞られた瞬間から酸化が始まります。風味よく、おいしく食べられる期間は産地での搾油から2年、開封後は3カ月程度。その期間に使い切れるサイズのボトルで買うのがおすすめです。

価格が大幅に安いものには
要注意

エキストラバージンオリーブオイルは生産に手間がかかり、一定のコストもかかります。あまりに安いものは化学的に精製されていたり、質の劣るオイルと混合されている場合もあるようです。

生食用と調理用で
使い分ける

サラダにかけるなど、生で味わう場合は、やはり風味豊かなエキストラバージンがおすすめ。一方、加熱調理に使う場合はそこまで高品質である必要はありません。本書ではほぼエキストラバージンを使っていますが、オイル漬けなどはピュアオリーブオイルを使っています。

オイルは、風味を楽しむもの。いろいろ試して、自分好みの1本を見つけて。

PART

2

単色コーデで
簡単おいしいサラダ

思わず「おいしそう！」と声が出てしまう、美しいサラダ。
自分で作るのはなんだか難しそうだけれど、とっておきの
ルールがあります。それは、思い切ってワントーンで決め
ること。さまざまな色の野菜を組み合わせておいしそうに
見せるのは、かなりのセンスが必要ですが、野菜の色を揃
えるだけで、手軽なのに不思議とおしゃれになるのです。

RULE | O1 |

サラダの「主役」と
「脇役」を決める

　サラダは小さなアート作品。演劇や映画のストーリーを決め
るようなイメージをしてみましょう。まずは「自分がいま、ど
んなサラダが食べたいか」を考えてみます。秋を思いっきり感
じるサラダにしたいなとか、庭でとれたハーブの香りを楽しむ
サラダにしたいなとか、そんなイメージです。次に、主役と脇
役を決めましょう。主役だらけだと、お皿のなかが漫然として
しまいますよね。

　最後に、その野菜のおいしさを上手に引き立てる素材をプラ
ス。見た目もメリハリがあって美しい、バランスがとれた、お
いしいサラダの完成です。食べていてもとても楽しいはず。な
により気がつくと、あなたの野菜たちを見る目が変わっていく
のを感じるでしょう。

RULE ｜ 02 ｜

野菜が2種類のときは、食感の異なる素材を組み合わせる

　同系色の野菜2種を組み合わせるときは、意識して食感の違う素材を選びます。たとえば、やわらかでみずみずしいなすには、シャキシャキとした紫玉ねぎの薄切りを。ここではピンクペッパーを仕上げに振って、さらに食感の遊びを加えています。そのほか、プチッと弾けるトマトにほっくりした豆を合わせたり、食感の違いを楽しんで。

RULE ｜ 03 ｜

食感や香りに小さなアクセントを加える

　にんにくなどの香味野菜やナッツを使い、食感や風味にアクセントをつけると、手軽に"いつものサラダ"から一歩先に踏み出せます。その他、和風のサラダなら七味唐辛子をひと振りするなど、湧き上がったアイデアはどんどん取り入れてみてください。みょうがや大葉や小ねぎなど、薬味に使うものであれば、どんなものも好相性です。

なによりマスターしたい
キャロットラペ

にんじんひとつ、オレンジ1色でも、こんなに美しく、おいしい。
スライサーを使えば、包丁すら使わずにできるこのひと皿は、私の原点。
ひとり暮らしでお金もなく、忙しかった頃に
このサラダが冷蔵庫にあるだけで、なんだか安心したものです。
そのまま食べるのはもちろん、メイン料理のつけ合わせとしても。

材料（2人分）

にんじん ……………………………… 中1本(150〜200g)
A ┌ オリーブオイル、りんご酢 ………… 各大さじ1
  └ 粒マスタード、はちみつ ………… 各小さじ1/2
マスタードシード ……………………………… 小さじ1/2

作り方

1　ボウルにAを入れる。

2　にんじんは皮をむき、スライサーで太めの千切
　　りにする。スライサーがない場合は包丁で切る。

3　1に2を入れ、空気を入れるようにふんわりと
　　混ぜる。器に盛り、マスタードシードをかける。

主菜に添えるだけで
食卓が華やかに

サラダとしてはもちろん、その
さわやかな味わいは肉料理のつ
け合わせにもぴったり。冷蔵庫
で2〜3日ほど保存できるので、
作るときは多めに作っておくと、
いざというときに大助かり。

GREEN SALAD
緑のサラダ

ひとつのサラダに、2種の野菜。あるいは、1種でも
濃淡を見せる工夫がほどこされていれば、そのひと皿は
ぐっと立体的なヴィジュアルになります。
サラダといえばグリーン。そんな当たり前のイメージを
鮮やかに飛び越える、華やかで涼やかで、
表情豊かな緑のサラダを集めました。

Broccoli

Avocado

ケールとミントのサラダ

ミントの爽快な風味がアクセントになるシンプルなサラダ。
フリルのようなケールの葉、丸いミントの葉、それらの緑の濃淡。
清々しさを感じさせる、目にもごちそうのサラダです。

材料（2人分）
ケール ……………………………………………… 2枚
ミント ………………………………… 1/2パック（7g）
A「オリーブオイル、パルミジャーノ・
　└レッジャーノ（すりおろし）……… 各大さじ1
パルミジャーノ・レッジャーノ …………… 小さじ1
塩 …………………………………………………… 適量

作り方
1　ボウルにAを入れる。

2　ケールは千切りにする。ミントは葉を摘む。と
　　もに冷水につけてピンとさせ、しっかりと水気
　　をきる。

3　1に2を入れ、あえる。仕上げにパルミジャー
　　ノ・レッジャーノと塩を振りかける。

ワカモーレ

メキシコ料理でおなじみのひと皿も、実はこんなに簡単です。
香りを楽しみたいので、ライムは仕上げに絞ります。

材料（2人分）

アボカド ……………………………… 1個
香菜 …………………………………… 4本
ミニトマト(黄) …………………… 4個
オリーブオイル ………………… 大さじ1
にんにくのすりおろし ……… 1/2かけ分
ライム ……………………………… 1/2個
バゲット(トーストしたもの) ……… 適量

作り方

1　アボカドは皮と種を取り除き、ボウルに
　　入れてフォークでざっくりとつぶす。

2　香菜は根元を切り落としてざく切りに、
　　ミニトマトは半分に切る。

3　1に2を加え、オリーブオイルとにんに
　　くを加えてざっくりと混ぜる。仕上げに
　　ライムを絞り、器に盛ってバゲットを添
　　える。

セロリとイタリアンパセリのサラダ

セロリとイタリアンパセリ、2種類の清涼感を味わいます。
白バルサミコ酢とはちみつの、甘酸っぱいドレッシングで。

材料（2人分）

セロリ ……………………………… 1本
イタリアンパセリ …… 1/2パック（7g）
A ┌ オリーブオイル、白バルサミコ酢
　 │ ………………………… 各大さじ1
　 └ はちみつ ………………… 小さじ1/2
フェンネルシード …………… 小さじ1/2
塩（好みで）……………… ひとつまみ

作り方

1　ボウルにAを入れる。

2　セロリは茎を長さ4cm程度の薄切りにする。セロリの葉とイタリアンパセリはざく切りにする。

3　1に2を入れ、あえる。フェンネルシードを加えてサッと混ぜる。好みで塩をかける。

わかめと長ねぎのナムル

長ねぎの青い部分は、実はとてもみずみずしくておいしい部分。
にんにくの風味を効かせ、さっぱり感と満足感を両立させました。

材料（2人分）
長ねぎ（青い部分）……………………10cm
わかめ（塩蔵）…………………………80g
A ┌ ごま油、酢 ………………… 各大さじ1
　 └ しょうゆ …………………… 小さじ1
にんにくのすりおろし ……… 1/2かけ分
白すりごま ……………………… 大さじ1

作り方
1 ボウルにAを入れる。

2 わかめはたっぷりの水に5分ほどつけて
　 塩を抜き、ざく切りにする。長ねぎは斜
　 め薄切りにする。

3 1に2を入れ、あえる。にんにくと白す
　 りごまを加えてサッと混ぜる。

きゅうりとみょうがのサラダ

ポイントは、きゅうりをたたくこと。はじめから包丁で切るよりも、
断然、味しみがよくなります。薬味のさわやかさを楽しむサラダです。

材料（2人分）

きゅうり ……………………………… 1本
みょうが ……………………………… 2本
しょうがの千切り …………… 1かけ分
A ┌ ごま油、酢 ………………… 各大さじ1
　│ しょうゆ ………………………… 小さじ1
　└ はちみつ ……………………… 小さじ1/2
ラー油（好みで）……………………… 適量

作り方

1　ボウルにAを入れる。

2　きゅうりはすりこぎ、または包丁の背で
　　たたいて割り、食べやすい大きさに切る。
　　みょうがは縦半分に切ってから、繊維を
　　断ち切る方向に薄切りにする。

3　1に2としょうがを入れ、あえる。器に
　　盛り、好みでラー油をかける。

ブロッコリーのアンチョビソース

少量でもコクのあるアンチョビは、サラダ作りの強い味方。
パスタにさっとあえてもおいしくいただけます。

材料（2人分）
ブロッコリー ………………… 1/2個（200g）
オリーブオイル ………………… 大さじ1
アンチョビフィレ ………………… 2枚
レモン …………………………… 1/4個

作り方
1　アンチョビはみじん切りにしてボウルに入れ、オリーブオイルと合わせる。

2　ブロッコリーは小房に分け、茎の部分は薄切りにする。塩ゆでし、水気をきる。

3　1に2を入れ、あえる。仕上げにレモンを絞る。

じゃがいもといんげんの
ジェノベーゼサラダ

自家製バジルペーストさえあれば、
どんな野菜もおいしく緑のサラダに。
じゃがいもは皮つきで丸ごとゆでると、
ほくほくした食感が保てます。

材料（2人分）
じゃがいも ……………………… 2個
いんげん ……………………… 100g
バジルペースト（市販のものでも可）
　………………………… 大さじ2
パルミジャーノ・レッジャーノ
　（すりおろし）…………… 大さじ1
バジルの葉 …………………… 2枚

作り方
1　ボウルにバジルペーストを入れる。

2　鍋にたっぷりの水を入れ、じゃがい
　もをゆでる。竹串がスッと通るくら
　いやわらかくなったら、皮をむき、
　食べやすい大きさに切る。いんげん
　は塩ゆでし、長さ半分に切る。

3　1に2を加え、あえる。器に盛り、
　パルミジャーノを振りかけ、バジル
　をちぎってのせる。

バジルペーストの作り方

材料（作りやすい分量）
バジルの葉……………………………………………………25枚
エキストラヴァージンオリーブオイル………………… 1/2カップ
松の実、パルミジャーノ・レッジャーノ（すりおろし）……各40g
にんにく………………………………………………… 1/2かけ
塩………………………………………………………………適量

作り方
1　材料すべてをフードプロセ
　ッサーにかけ、ペースト状
　にする。

WHITE SALAD
白のサラダ

清々しい白は、色とりどりの食材が並ぶ食卓で、
自然と目を引く特別な色です。
つい、仕上げに鮮やかな素材を足したくなるけれど、
白のサラダの身上は、そのどこまでも潔い姿。
自然と、味つけもあっさりとシンプルなものが多くなり、
後味が軽やかなのも特徴です。

Radish

Bunapi

カリカリじゃこと大根と豆腐のサラダ

カリカリじゃことシャキシャキ大根、そしてなめらかな豆腐。
3つの食感を楽しめる、リズム感いっぱいのひと皿です。
じゃこに油を使っているので、プラスするのはポン酢だけでOK。

材料（2人分）
大根 ……………………………… 10cm
絹ごし豆腐 …………………… 1/2丁
ちりめんじゃこ ………………… 8 g
にんにくの薄切り ……… 1/2かけ分
揚げ油 ……………………………… 適量
ポン酢 ………………………… 大さじ1

作り方
1　ボウルにポン酢を入れる。

2　小さめのフライパンにちりめんじゃことにんにくを入れ、揚げ油を底から2cmほど注ぐ。中火に2分ほどかけ、カリカリになるまで揚げる。ペーパータオルに上げ、油をきる。

3　大根は皮をむいて繊維に沿って千切りにする。冷水に5分ほどさらしてシャキッとさせ、ザルに上げて水気をきる。豆腐は食べやすい大きさに切る。

4　1に3の大根を加え、あえる。豆腐を加えてサッと混ぜ、器に盛って2をのせる。

もやしナムル

韓国料理でおなじみのナムルも、見方を変えればサラダの一種。
塩気は塩麹を使い、まろやかに仕上げています。

材料（2人分）
豆もやし ……………………………… 1/2袋
A ┌ ごま油、酢 ……………… 各大さじ1
塩麹 ……………………………… 小さじ1
白すりごま ……………………… 大さじ1

作り方
1　ボウルにAを入れる。

2　もやしはひげ根を取り除き、サッとゆで
　　て水気をきる。

3　1に2を入れ、あえる。すりごまを加え
　　てサッと混ぜる。

マッシュルームと松の実のサラダ

きのこで唯一、生食できるマッシュルーム。その香りを存分に楽しむため、
味つけはごくごくシンプルに。塩と良質のオイルだけで十分です。

材料（2人分）
ホワイトマッシュルーム
　……………………… 1パック(100g)
オリーブオイル、松の実
　………………………… 各大さじ1
塩 ………………………… ひとつまみ

作り方
1　マッシュルームは汚れをペーパータオル
　　などでふき取り、薄切りにして器に盛る。

2　1にオリーブオイルをかけ、松の実を散
　　らし、塩を振る。

白菜と白しめじのサラダ

しめじは風味を味わいたいので、強火でサッと火を通すだけ。
酢じょうゆであっさり仕上げ、七味唐辛子でアクセントをつけます。

材料（2人分）

白菜 ························· 1〜2枚(150g)
白しめじ(ブナピー) ······ 1パック(100g)
白ごま油 ························· 大さじ1
A ┌ 酢 ························· 大さじ1
　├ しょうゆ ··············· 小さじ1
　└ 塩 ························· 少々
七味唐辛子 ······················· 少々

作り方

1　ボウルにAを入れる。

2　白菜は繊維を断つ方向に1cm幅に切る。冷水にさらしてシャキッとさせ、水気をきる。

3　フライパンに太白ごま油を中火で熱し、石づきを取り除いてほぐした白しめじを1分ほど炒める。

4　1に2と3を入れ、あえる。器に盛り、七味唐辛子を振る。

パリッとしたかぶが食感のアクセント

かぶのマカロニサラダ

材料（2人分）

かぶ……………………………………… 2個
塩…………………………………… ひとつまみ
ショートパスタ（フジッリ）………………… 50g
A ［マヨネーズ、ヨーグルト ……… 各大さじ1
くるみ …………………………………… 大さじ1

作り方

1　ボウルにAを入れる。

2　かぶは薄切りにし、塩を振って5分ほどおき、
　出てきた水気をペーパータオルでふき取る。
　ショートパスタは袋の分量通りに塩ゆでし、
　水気をきる。

3　フライパンにくるみを入れ、弱火にかけて色
　づくまで乾煎りする。食べやすい大きさに切
　る。

4　1に2を入れ、あえる。3を散らす。

中東料理の「フムス」から着想を得た一品

カリフラワーとひよこ豆の
ごまドレッシング

材料（2人分）

カリフラワー ……………………………… 1/2個
ひよこ豆水煮（缶詰） ………………… 1缶（100g）
A ［ねりごま、酢 ………………… 各大さじ1
　 ［しょうゆ …………………………… 小さじ1
　 ［はちみつ ………………………… 小さじ1/2
クミンシード ……………………………… 大さじ1

作り方

1　ボウルにAを入れる。

2　カリフラワーは小房に分け、2分ほどゆでる。

3　1に2と水気をきったひよこ豆を入れ、あえ
　る。クミンシードを加えてサッと混ぜる。

RED SALAD
赤のサラダ

目を奪われる赤のサラダは、
食卓のおしゃれ上級者の風格。
もともとうまみの強いトマトやパプリカが主役の場合は、
オイルと塩だけでおいしさを引き出すのが正解です。
そして、赤といえば和の食材である梅干しも活躍。
調味料にもなり、食感のアクセントにもなってくれます。

Tomato

Paprika

グリルパプリカと
ローストビーフのサラダ

パプリカをグリルすると、濃厚な甘みが生まれます。
そこにプラスするのは、ちょっと贅沢なローストビーフ。
これだけでメインの料理になりそうな、ごちそう感のあるサラダです。

材料（2人分）

パプリカ(赤) …………………………… 1個
ローストビーフ(市販) ………………… 50g
A ┌ オリーブオイル …………… 大さじ1
　 └ 塩 ……………………………………… 少々
フェンネルパウダー ………………… 少々

作り方

1　ボウルにAを入れる。

2　パプリカは縦半分に切ってから1cm幅に切る。魚焼きグリルを中火で熱し、しんなりするまで焼く。ローストビーフはパプリカと同じサイズに切る。

3　1に2を入れ、あえる。器に盛り、フェンネルパウダーを振る。

焼きトマトのサラダ

トマトは焼くことで、香ばしい風味がつくと同時においしさが濃縮されます。
その味わいには、余計な調味料は不要。オイルと塩だけで潔く。

材料（2人分）
高糖度のトマト（フルーツトマトなど）
……………………………………250g
キドニービーンズ（水煮）……………50g
オリーブオイル ………………… 大さじ1
塩 ……………………………………… 少々

作り方

1 トマトは半分に切る。

2 フライパンにオリーブオイルを中火で熱
し、1を片面それぞれ30秒ずつ焼く。一
度取り出し、残った油でキドニービーン
ズを30秒程度炒める。

3 2を器に盛り、塩を振りかける。

ラディッシュと小梅のカリカリサラダ

かつお節のうまみでいただく、おひたし感覚の和風サラダ。
カリカリした梅の食感を楽しみたいひと皿です。

材料（2人分）
ラディッシュ ……………………………10個
小梅 ……………… 5個(大さじ1程度)
A ⎡ポン酢、かつお節……各大さじ1

作り方
1　ボウルにAを入れる。

2　ラディッシュは葉を切り落とし、薄切り
　　にする。小梅は種を取り除き、細かく切
　　る。

3　1に2を入れ、あえる。

YELLOW SALAD
黄色のサラダ

ほっくりとしていたり、ほのかな甘みがあったりと、
やさしいイメージがある黄色の食材。
味つけもおのずと、まろやかで穏やかなものに。
できたてはもちろんおいしいけれど、
冷めて味をなじませると一層おいしくなります。
食べ応えがあるのも、うれしいところです。

Pumpkin

Corn

さっぱりとしたじゃがいもに
粒マスタードがアクセント

じゃがいもと炒り卵の
ポテトサラダ

材料（2人分）
じゃがいも ……………………… 中2個
卵 …………………………………… 2個
牛乳 …………………………… 大さじ2
酢 …………………………… 大さじ1
オリーブオイル ……………… 大さじ2
A「マヨネーズ ………………… 大さじ2
　└粒マスタード ……………… 小さじ1

作り方
1　ボウルにAを入れる。

2　鍋にたっぷりの水を入れ、じゃがいもを
　　ゆでる。竹串がスッと通るくらいやわら
　　かくなったら、皮をむき、食べやすい大
　　きさに切る。酢を振りかけておく。

3　卵を割りほぐし、牛乳を加えて混ぜる。

4　フライパンにオリーブオイルを中火で熱
　　し、3を流し入れてふんわりとした炒り
　　卵を作る。

5　1に2と4を入れ、あえる。

ほくほく、シャキシャキ
食感が楽しいひと皿

とうもろこしと
かぼちゃのサラダ

材料（2人分）
かぼちゃ ………………………… 1/8個
とうもろこし …………………… 1/2本
白バルサミコ酢、バター ……… 各大さじ1
A「オリーブオイル …………… 大さじ1
　└はちみつ …………………… 小さじ1
黒こしょう ………………………… 少々

作り方
1　ボウルにAを入れる。

2　かぼちゃととうもろこしはサッと洗い、
　　水気が残ったままラップで包む。それぞ
　　れ電子レンジ（600W）で5分間加熱する。

3　かぼちゃは粗熱が取れたら食べやすい大
　　きさに切り、バルサミコ酢を振っておく。
　　とうもろこしは粗熱が取れたら、包丁で
　　実をそぎ取る。

4　フライパンにバターを中火で熱し、3の
　　かぼちゃを色づく程度にサッと炒める。

5　1に3のとうもろこしと4を入れ、あえ
　　る。器に盛り、こしょうを振る。

PURPLE SALAD
紫のサラダ

深みのある紫のひと皿が置かれるだけで、
食卓は一気に華やぎます。
楽しみたいのは、強弱のリズム。
色彩の美しさはもちろん、
食感の違いも、そして味わいの濃淡も
楽しんでほしいサラダです。

Eggplant

Violet
Cabbage

グリルしたなすに
玉ねぎのマリネで味つけ

焼きなすと紫玉ねぎの
マリネサラダ

材料（2人分）
なす ……………………………… 2本
紫玉ねぎ(薄切り) …………………… 1/4個
A┌ オリーブオイル、白バルサミコ酢
　│ …………………………… 各大さじ1
　│ メイプルシロップ …………… 小さじ1
　└ ピンクペッパー ………………… 少々

作り方
1　ボウルにAを入れ、紫玉ねぎを入れてなじませ、10分ほどおく。

2　魚焼きグリルを中火で熱し、なすをこんがりと焼く。縦半分に切ってから7〜8mm厚さに切り、器に盛る。上に1をのせる。

ワイルドライスの
プチプチ感がアクセント

紫キャベツと
ワイルドライスのサラダ

材料（2人分）
紫キャベツ ………………………… 1/6個(100g)
ワイルドライス …………………… 1/4カップ
A┌ オリーブオイル、バルサミコ酢
　│ …………………………… 各大さじ1
　│ 塩 …………………………………… 少々
　└ メイプルシロップ …………… 小さじ1

作り方
1　ボウルにAを入れる。

2　ワイルドライスを3〜4倍量の水とともに鍋に入れる。ふたをして中火にかけ、沸騰したら弱火にして20分加熱する。ザルに上げて粗熱をとる。

3　紫キャベツを千切りにし、2とともに1に入れる。もみ込むようによく混ぜる。

COLUMN　2

ちょっとのコツで
サラダがもっとおいしくなる

調理に入る前に、すべてのレシピに共通する大切な手順。
それを知れば、同じレシピでも、サラダはぐんとおいしくなります。

サラダスピナーで
水気をしっかりカット

野菜の水気が残っていると、オイル
がからみづらくなり、水っぽい仕上
がりになってしまいます。ペーパー
タオルなどでふき取ってもいいので
すが、繊細な葉野菜やハーブなどは、
水気が取りきれず、こすれて傷んで
しまうことも。サラダスピナーを使
ったほうが安心で手軽です。

葉っぱに元気が
ないときは冷水で

サラダがおいしいのは、元気な野菜
の生命力をそのままいただくから。
冷蔵庫の中で少ししなびてしまった
場合は、たっぷりの冷たい水に入れ
て、細胞の隅々まで水分を行き渡ら
せてから、調理に取りかかりましょ
う。素材本来の、シャキッとした葉
野菜の食感を大切にして。

PART

3

チーズを使いこなせば
サラダはもっと楽しい

うまみのかたまり＝チーズ。この素材さえ味方につければ、サラダ作りの実力はぐんとアップします。ほどよい塩気のパルミジャーノ、ミルキーな味わいがフルーツとも相性がいいモッツァレラ。手軽なクリームチーズなど、選ぶチーズによっても味わいはさまざま。なんだかひと味足りないな、と感じたら、チーズを手に取るのが正解です。

RULE ｜ **01** ｜

作りおきはNG！
チーズは最後にトッピングする

　チーズのサラダは、その風味が命。サラダ全般において作り置きはおすすめしませんが、とくに仕上げにチーズを使う場合は、必ず食べる直前に添えたり、すりおろしたりしてください。水分の少ないパルミジャーノ・レッジャーノなどは風味が落ちること以外に大きな問題はありませんが、水気の多いカッテージチーズなどは、その塩分で葉野菜の水分が出てきてしんなりとなり、全体的にベチャッとしてしまうのでとくに注意を。

RULE | 02 |

チーズ以外の
味つけはさわやかに

　サラダにチーズを使うということは、味つけに関してはもうおまかせ、主役は決まっているということです。チーズ以外にも味の濃い調味料を加えると、おのずとくどい印象になるので、意識してさわやかで軽い素材を組み合わせます。塩分を持つチーズが味を決めてくれるので、あとはオイルくらいで十分な味わいになるのです。

RULE | 03 |

キャラの濃い野菜と
組み合わせると、
こなれ感アップ

　少し気をつけたい存在が、特有のピリッとした刺激を持つブルーチーズ。この個性的な風味の前では、淡い味わいの野菜は存在感を失ってしまいます。そこで組み合わせたいのは、それに負けない強い個性を持つ素材。たっぷりのブルーチーズと食べるなら、苦味が特徴のゴーヤ、香りの強いハーブなどを合わせるのがおすすめです。

MOZZARELLA CHEESE
モッツァレラチーズ

製造過程で加熱をしていないフレッシュチーズ。
ほんのりとした甘味と酸味があり、
独特のシコシコした食感が特徴です。
ブッラータは、モッツァレラを原料とした
濃厚でクリーミーなデザートチーズ。
シンプルに味わうのがおすすめです。

カプレーゼ

イタリア料理の定番前菜であるカプレーゼ。ミルキーなモッツァレラと
甘酸っぱい完熟トマト、そしてさわやかなバジルの香りがたまりません。
香りのいいとっておきのオリーブオイルをたっぷりかけて。

材料（2人分）
高糖度のトマト（フルーツトマトなど）
………………………………………… 250g
モッツァレラチーズ ………………… 100g
バジルの葉 ………………………… 3〜4枚
オリーブオイル ………………… 大さじ1
塩、黒こしょう ……………………… 各少々

作り方
1　トマトは1cm厚さの輪切りにする。
　　モッツァレラチーズは食べやすくち
　　ぎる。

2　器に1を盛り、オリーブオイルをか
　　ける。塩、こしょうを振り、バジル
　　をちぎってのせる。

MINI COLUMN

モッツアレラチーズがないときは、
水切りヨーグルトで代用できる！

ヨーグルトの水分を抜くことで、まるでチーズのような濃厚な味わいに。低脂肪・低カロリーなのでチーズよりもヘルシーです。

水切りヨーグルトの作り方
（作りやすい分量）

口の広い瓶などにフィルターをセットしたコーヒードリッパーをのせ、ヨーグルト1パック（200g）を入れる。乾燥しないようにラップをし、冷蔵庫で2〜3時間水切りする。

桃とブッラータ

ナイフを入れた途端に、とろりと溶け出すブッラータ。
できるだけシンプルに味わいたいから、塩も使わずオイルだけで。

材料（2人分）
桃 ……………………………………… 1個
ブッラータ ………………… 1個(125g)
オリーブオイル ……………… 大さじ1

作り方
1　桃は皮をむき、食べやすい大きさに切る。

2　器にブッラータとともに盛る。食べるときにオリーブオイルをかける。

カプレーゼをよりシンプルにした進化系

水なすとモッツァレラの
サラダ

材料（2人分）
水なす ……………………………………… 1個
モッツァレラチーズ …………………… 100g
オリーブオイル ………………………… 大さじ1
塩 …………………………………………… 少々

作り方
1　なすとモッツァレラチーズは食べやすい大き
　　さにちぎり、器に盛る。

2　塩を振り、食べる直前にオリーブオイルをか
　　ける。

モッツァレラとオイルをからめて

モッツァレラと
ズッキーニのサラダ

材料（2人分）
ズッキーニ ………………………………… 1/2本
モッツァレラチーズ …………………… 100g
A ┌ オリーブオイル ……………………… 大さじ1
　 └ 塩 ………………………………………… 少々

作り方
1　ボウルにAを入れる。

2　ズッキーニは薄い輪切りにし、塩水に3分ほ
　　どつける。パリッとしたらザルに上げ、水気
　　をきる。

3　1にモッツァレラチーズをちぎって入れ、2
　　を加えてあえる。

PARMIGIANO REGGIANO

パルミジャーノ・レッジャーノ

最低1年の熟成期間を経て完成するチーズ。
とくに2年目以降になると、ぐっと深みが増します。
サラダにひと振りするだけでも、味わいが一変。
すでに削ってある手軽な粉チーズもありますが、
その風味は別物。ぜひ、かたまりで購入して、
使うたびごとに削っておいしさを楽しんでください。

パルミジャーノ・レッジャーノのサラダ

ほどよい塩気を持つうまみの濃いチーズだから、塩は使わず、オイルだけで。
今回はルッコラを使いましたが、生で食べられる葉野菜なら、
どんなものでもおいしくしてくれます。

材料（2人分）
ルッコラ ………………………………… 1パック(50g)
パルミジャーノ・レッジャーノ ………………… 20g
オリーブオイル ……………………………… 大さじ1

作り方
1　器にルッコラを盛りつけ、大ぶりに削ったパル
　　ミジャーノ・レッジャーノをのせる。食べる直
　　前にオリーブオイルをかける。

CREAM CHEESE

クリームチーズ

クリーム、または牛乳を加えたクリームから作った
熟成させないタイプのチーズ。
なめらかな舌触りで、扱いも手軽なため、
料理にもお菓子作りにも活躍。
乳酸菌由来の酸味と乳脂肪の豊かな味わいで、
サラダにクリーミーなコクを与えてくれます。

さつまいもの甘味と
チーズのコクがベストマッチ

クリームチーズと
さつまいものサラダ

材料（2人分）
さつまいも ……………………… 小１本(200ｇ)
クリームチーズ ………………………… 50ｇ
A ［オリーブオイル ……………… 大さじ１
　 ［はちみつ ……………………… 大さじ１
クラッカー ……………………………… 5〜6枚

下準備
クリームチーズを室温に戻す。

作り方
1　ボウルにAを入れる。

2　さつまいもはサッと洗い、水気が残った
　　ままラップで包む。電子レンジ(600W)
　　で５分間加熱する。粗熱が取れたら半量
　　をフォークでつぶし、クリームチーズと
　　混ぜる。半量は１cm角に切る。

3　1につぶしたさつまいもを入れ、混ぜる。
　　角切りにしたさつまいもも加えてサッと
　　混ぜ、クラッカーとともに器に盛る。

濃厚なクリームチーズと
ライムの酸味がクセになる

枝豆とクリームチーズの
ライムサラダ

材料（2人分）
枝豆 ……………………………………… 100ｇ
クリームチーズ ………………………… 50ｇ
ライム …………………………………… 1/2個
塩 …………………………………… ひとつまみ

下準備
クリームチーズを室温に戻す。

作り方
1　枝豆は塩ゆでし、さやから出す。クリー
　　ムチーズは1.5cm角に切る。

2　ライムを半分に切り、半量はボウルに果
　　汁を絞る。残り半量は薄切りにする。

3　2のボウルに塩と1を入れ、あえる。

チーズを使いこなせばサラダはもっと楽し！

BLUE CHEESE

ブルーチーズ

青カビを繁殖させて熟成させたブルーチーズは、
独特の強い風味と刺激が特徴。
塩気も強いため、使うときは量に気をつけて。
オイルや、まろやかなバルサミコ酢と合わせると、
その個性的な味わいが引き立ちます。
あえて、香りや味の強い食材と合わせるのもおすすめ。

ゴーヤをディップのように
つけながら食べても美味しい

イタリアンパセリと
ブルーチーズとゴーヤ

材料（2人分）
ゴーヤ ………………………………… 1/4本
イタリアンパセリ …………………… 3本
ブルーチーズ ………………………… 30g
粒マスタード ……………………… 小さじ1

作り方
1　ゴーヤは縦半分に切り、スプーンなどで
　　種とワタを取り除く。薄切りにし、塩で
　　もむ。湯を沸かし、20秒ほどゆでて水
　　気をきる。

2　イタリアンパセリはざく切りにする。ブ
　　ルーチーズは食べやすい大きさに切る。

3　器に1、2、粒マスタードを盛る。

ハーブが香り高い大人のサラダ
ワインにもぴったり

ブルーチーズの
ミントサラダ

材料（2人分）
ミントの葉 ………………… ひとつかみ（8g）
ディル ………………………………… 6〜7枝
ブルーチーズ ………………………… 30g
A ┌ オリーブオイル ………………… 大さじ1
　└ 白バルサミコ酢 ………………… 大さじ1
カシューナッツ ……………………… 5粒

作り方
1　ボウルにAを入れる。

2　ディルは2〜3cm長さに切る。ブルーチ
　　ーズは1cm角に切る。

3　1に2とミントの葉を入れ、あえる。器
　　に盛り、カシューナッツをのせる。

COLUMN 3

残ったサラダのアレンジレシピ

たくさん作って残ったサラダは、サンドイッチにすれば
気軽なランチやブランチにぴったりのひと皿になります。
食パンやイングリッシュマフィンなど、好みのパンでどうぞ。

「グリルパプリカと
ローストビーフのサラダ」(P.42)を
サンドイッチの具材に

ボリュームあるサラダは、サンドイ
ッチにぴったり。ローストビーフと
相性のいい粒マスター
ドをたっぷり塗るのが
おいしさの秘密です。
甘酸っぱいパプリカの
ジューシー感も絶妙。

 →

「とうもろこしと
かぼちゃのサラダ」(P.46)を
ホットサンドの具材に

ほくほくの根菜サラダは、ホットサ
ンドにうってつけ。ほんのり甘い味
わいは、香ばしく焼き
上げたイングリッシュ
マフィンと好相性。こ
のために、あえて多め
に作りたいほど!

 ←

PART

4

おしゃれ感◎な
フルーツのサラダ

フルーツをサラダにするだけで、ワザあり感が漂います。
季節のフルーツをオイルと塩でサッとマリネして食卓に載
せれば、料理上級者の風格。フルーツを主役にするのはも
ちろん、脇役に回しても、その華やかな甘さで格別の存在
感。野菜以上に、旬がはっきりしているフルーツ。季節な
らではの味を、ぜひ、サラダで楽しんでください。

RULE | 01 |

フルーツをアクセントに
取り入れよう

　　いつもはデザートに食べるフルーツも、オイルと少しの塩を
からめれば、食卓を華やかに彩るサラダに変身です。フルーツ
ならではのやわらかな食感とジューシーな味わいは、これまで
出合ってきた野菜のサラダとはまた違う、新鮮な驚きをもたら
します。塩気のある生ハムと組み合わせたり、たっぷりのハー
ブを野菜感覚で合わせたり。フルーツそれぞれの甘さと香りを
計算に入れながら、お気に入りの1品を作ってください。

マセドニア

スペインのフルーツサラダ、「マセドニア」。
さまざまなフルーツが、オレンジの果汁をまとうことで一体となります。
白ワインを効かせて、大人の香りを漂わせました。

材料（作りやすい分量）

バナナ ………………………………… 1本
キウイ ………………………………… 1個
りんご ………………………………… 1/2個
A ┌ オレンジの絞り汁、白ワイン
　 │ ………………………… 各大さじ2
　 └ はちみつ ………………… 小さじ1
ミントの葉 …………………………… 10枚

作り方

1　ボウルにAを入れる。

2　バナナは食べやすい厚さの輪切りに、
　　キウイは薄切りにする。りんごは皮
　　つきのままいちょう切りにする。

3　1に2を入れ、あえる。器に盛り、
　　ミントの葉をのせる。

SHINE MUSCAT
シャインマスカット

皮ごと食べられるシャインマスカットは、
サラダにぴったりのフルーツ。
蒸し暑い陽気が続く8〜10月に旬を迎えるので、
さっぱりといただきたいひと皿を彩るのにぴったり。
その香りと甘さを引き立てるために、
味つけはよりシンプルを心がけるといいでしょう。

シャインマスカットと生ハムのサラダ

シャインマスカットの甘さを際立たせるのは、生ハムのキリッとした塩気と、イタリアンパセリのさわやかな香りです。

材料（2人分）
シャインマスカット …………1/2房（10粒）
イタリアンパセリ ………1/2パック（7ｇ）
生ハム ……………………………2〜3枚
オリーブオイル ………………………大さじ1
ライム …………………………………1/4個
フェンネルシードパウダー（好みで）
………………………………………少々

作り方
1　シャインマスカットは半分に切る。イタリアンパセリはざく切りにする。生ハムは食べやすい大きさに切る。

2　器に1を盛り、オリーブオイルをかけ、ライムを絞る。好みでフェンネルシードパウダーを振る。

シャインマスカットと水切りヨーグルト

ミルキーな水切りヨーグルトを添えた、デザート感覚でいただきたいサラダ。仕上げのレモンで、より香り豊かに。

材料（2人分）
シャインマスカット ……………1房（20粒）
水切りヨーグルト
………………100ｇ（作り方54ページ参照）
オリーブオイル ………………………大さじ1
レモン …………………………………1/4個

作り方
1　シャインマスカットは半分に切る。

2　器に1と水切りヨーグルトを盛る。ヨーグルトにオリーブオイルをかけ、食べるときにレモンを絞る。

KIWI

キウイ

健康や美容にうれしい栄養素がいっぱいのキウイ。
切り口もかわいらしいので、ルックスも重視したい
フルーツサラダには欠かせない存在です。
しっかり熟したものを使いたいので、固い場合は追熟を。
手のひらでそっと握ってみて、ほどよい弾力を
感じたら、おいしい食べごろです。

キウイと水菜のチーズサラダ

ジューシーなキウイと、パルミジャーノ・レッジャーノの
ほどよい塩気、水菜のシャキシャキ感を楽しみます。
加えるのはオイルだけ。塩気も酸味も甘味も、素材が持っているのです。

材料（2人分）
キウイ ……………………………………… 1個
水菜 ……………………………………… 1/2パック
パルミジャーノ・レッジャーノ ………………… 20g
オリーブオイル ………………………………… 大さじ1

作り方
1　キウイは皮をむいて、いちょう切りにする。水菜は4cm長さに切り、冷水にさらしてシャキッとさせ、よく水気をきる。パルミジャーノ・レッジャーノは1cm角に切る。

2　1の水菜をオリーブオイルであえ、キウイ、パルミジャーノ・レッジャーノを加えてサッと混ぜる。

APPLE
りんご

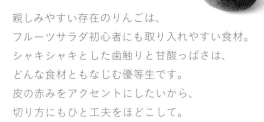

親しみやすい存在のりんごは、
フルーツサラダ初心者にも取り入れやすい食材。
シャキシャキとした歯触りと甘酸っぱさは、
どんな食材ともなじむ優等生です。
皮の赤みをアクセントにしたいから、
切り方にもひと工夫をほどこして。

りんごとセロリのサラダ

清涼感あるセロリと、りんごの甘酸っぱさのコンビネーション。
酸味は、よりさわやかな白バルサミコ酢をセレクトしています。
繊細な歯触りを楽しむため、りんごはごくごく薄切りで。

材料（2人分）

りんご ………………………………… 1/2個
セロリ ………………………………… 1本
A ┌ オリーブオイル ………… 大さじ1
　└ 白バルサミコ酢 ………… 小さじ1
塩 ………………………… ひとつまみ

作り方

1　ボウルにAを入れる。

2　りんごはくし形に切ってから、皮つきのまま薄切りにする。

3　セロリの茎は筋を取り、縦半分に切ってから幅2mmの斜め薄切りにする。セロリの葉はざく切りにする。ともに冷水にさらしてシャキッとさせたら、水気をきる。

4　1に2、3を入れ、あえる。器に盛り、塩を振る。

ORANGE
オレンジ

噛み締めると果汁が口いっぱいにあふれるオレンジ。
甘味と酸味を兼ね備えたそのジューシーな味わいは、
野菜とサッと合わせるだけで十分なおいしさ。
作り込まれたドレッシングなど必要としないほどです。
そんなわけで、オレンジで作るサラダには酢は不要。
香り高いオイルと塩だけで、大満足の仕上がりに。

オレンジとスプラウトのサラダ

ひとつまみの塩と、ひとまわしのオイルがあるだけで、
いつものオレンジがサラダに早変わりです。
具材としても、ドレッシングにも、そのおいしさを存分に味わえる1品です。

材料（2人分）
オレンジ ……………………………………… 1/2個
スプラウト（今回はラディッシュの新芽を使用）
　　……………………………………… 1パック
ディル ……………………………………… 3枝
A┌オリーブオイル …………………… 大さじ1
　└塩 …………………………………… ひとつまみ
オレンジの絞り汁 …………………………… 大さじ1

作り方
1　ボウルにAを入れる。

2　オレンジは外皮をむき、いちょう切りにする。
　　スプラウトは根元を切り落とす。ディルは2cm
　　長さに切る。

3　1に2を入れ、あえる。仕上げにオレンジの絞
　　り汁を加えて混ぜる。

PLUM
プラム

プラムの旬は初夏から夏。皮ごと食べられるプラムは
ハーブに合わせてサラダ仕立てにすると新鮮な味わい。
別名「すもも」とも呼ばれていますが、
それは桃に比べて酸味が強いところから。
ただ、サラダにするとなれば、その酸味こそが、
おいしさの土台になってくれる、頼れるフルーツなのです。

プラムとミントのサラダ

甘味と酸味のバランスが絶妙なプラムに、涼やかなミントを添えて。
噛むほどに、やわらかな果肉とシャキシャキしたミントの葉の食感、
そして甘さとほろ苦さのバランスに感動できるサラダです。

材料（2人分）
プラム ……………………………………………… 2個
ミントの葉 ………………………………… 1/2パック（7g）
オリーブオイル ……………………………… 大さじ1
塩（好みで）……………………………… ひとつまみ

作り方
1　プラムは半分に切って種を取り除き、皮つきの
　　まま食べやすい大きさに切る。ミントは冷水に
　　さらしてシャキッとさせ、よく水気をきる。

2　1をオリーブオイルであえ、器に盛る。食べる
　　ときに好みで塩を振る。

FIG

いちじく

旬は、真夏の8月から、秋口の10月ごろ。
濃厚な甘さを持ついちじくは、
オイルをかけるとくどくなってしまうので、
すっきりと酸味だけをプラスして味わいます。
ナイフを入れたときにハッとする、断面の美しさ。
盛りつけるときは、その感覚を忘れずに。

———————

いちじくとクレソンのサラダ

ちょっと大人の味わいのいちじくには、ほろ苦いクレソンが似合います。
塩とバルサミコ酢は混ぜ込まず、別々に。
それぞれいちじくにさらりとかけると、味わいに立体感が生まれます。

材料（2人分）
いちじく ……………………………………… 1個
クレソン ……………………………………… 1束
白バルサミコ酢 …………………………… 大さじ1
塩 ……………………………………… ひとつまみ

作り方
1　いちじくは食べやすい大きさに切る。クレソン
　　はざく切りにする。

2　1を器に盛り、バルサミコ酢をかけ、塩を振る。

COLUMN　4

サラダがもっと楽しくなる家庭菜園

長引くおうち時間で、家庭菜園が静かなブームです。食べたいとき
に新鮮な野菜が収穫できるから、サラダ作りがより気軽になります。

いつでも摘みたて
ハーブが食べられる

パック売りのハーブは、使い切らな
いうちにしなびさせてしまうという
人も多いのでは？　たくさんの種類
を少しずつ寄せ植えしておくと、い
つでも使う分だけ摘み取れて便利。

自宅ではタイムとミン
トなどを栽培。花も香
り高いので、サラダの
アクセントに。タイム
たっぷりのポテトサラ
ダは、おもてなしに◎

ミニトマトは初心者
にもおすすめの野菜

初心者でも育てやすい野菜といえば、
ミニトマト。夏の間はお店で買わな
くてもいいほど、たっぷりと収穫で
きます。赤色のものをはじめ、カラ
ートマトを栽培するのも楽しい！

PART

5

おかずにもなる
魚介のごちそうサラダ

サラダは、メインにはならない？　答えはNOです。さま
ざまなシーフードと合わせることで、ボリューム感のある、
主役級のひと皿になります。ここでは、中南米で親しまれ
ているセビーチェや、ハワイのロミロミなどの世界のサラ
ダも登場。どの国の人たちも、みんなサラダが大好き。野
菜とシーフードをミックスしたおいしさは万国共通です。

RULE ｜ 01 ｜

ドレッシングは
柑橘類が相性バツグン

　魚介類は下ごしらえをていねいにしても、ややくさみが気に
なる人も。魚介のサラダは、そこをいかに上手に、しかも簡単
においしさに変えるかが腕の見せどころです。そこで提案した
いのは、酸味として柑橘類の果汁を使うこと。自然にくさみを
取り去ると同時に、ほのかな甘味と清涼感で、魚介のサラダを
さわやかな印象にしてくれます。ドレッシングに入れるほか、
仕上げに果汁をひと絞りするひと手間も忘れずに。

RULE | **02** |

フレッシュハーブで
一気に
おしゃれな装いに

　香りの強いハーブを使うのもひとつの方法。この場合も、トッピング程度ではなく、素材のひとつとして、野菜感覚で大胆に使いましょう。おすすめは、とくに風味に特徴のある香菜。冷水にさらしてシャキッとさせてから使うと、存在感のある食感に。刺身の薬味としても使われるみょうがなども、和のハーブとして使えます。

RULE | **03** |

塩はひとつまみで
十分

　それ自体に強いうまみを持つ魚介を主役にしたサラダの場合、塩は多く入れなくても十分おいしく仕上がります。サラダ仕立ての場合、大切なのは軽やかさ。柑橘類の果汁やしょうがの絞り汁、または香りのいいオイルで、おいしさを際立てたほうがしっくりきます。塩は、それらの味わいを引き出すために、ひとつまみで十分です。

SQUID

いか

甘味とうまみをWで味わえるいかは、
サラダをボリュームアップするのにぴったりの食材。
生で使えば、コリコリとした歯触りを、
加熱して使えば、プリッとした食感を楽しめます。
生で味わうなら、たっぷりのハーブと一緒にあえると
独特のくさみも気にならなくなります。

セビーチェ

中南米の国々で食べられている、セビーチェ。
新鮮な魚介と野菜を、柑橘類の果汁でマリネするサラダです。
今回はシンプルに、いかとたっぷりのパセリで。

材料（2人分）

いか(刺身用) ……………………………………… 80g
きゅうり ……………………………………………… 1本
パセリ …………………………………………… 1/2束(50g)
A ┌ オリーブオイル ……………………… 大さじ1
　 ├ ライムの絞り汁 ……………………… 1/4個分
　 └ 塩 ………………………………………… ひとつまみ
ライム ……………………………………………… 1/4個

作り方

1　ボウルにAを入れる。

2　きゅうりは細切りにする。いかはきゅうりと同
　　じサイズに切る。パセリはみじん切りにする。

3　1に2を入れ、あえる。器に盛ってライムを添
　　え、食べる直前に絞る。

SALMON

サーモン

今回使ったのは、刺身用サーモン。
塩気をつけて燻製したスモークサーモンとは別物です。
たっぷり脂がのったほのかな甘味は、
さわやかな柑橘類の絞り汁と好相性。
長ねぎなどのピリリとした食材と合わせると
甘味をいっそう感じられます。

ロミロミサーモン

ハワイでおなじみのサラダ。ひと口でそれぞれの味わいを楽しめるように、すべて同じサイズに切りそろえるのがコツです。

材料（2人分）
サーモン（刺身用）……………………… 100g
きゅうり …………………………………1/2本
ミニトマト ………………1/2パック（10個）
紫玉ねぎ …………………………………1/4個
A ┌ オリーブオイル ………………… 大さじ1
　├ レモンの絞り汁 ………………… 1/2個分
　└ 塩 …………………………… ひとつまみ
レモンの薄切り ………………………… 3枚

作り方
1　Aをボウルに入れる。

2　サーモンときゅうりは1.5cm角に切る。ミニトマトは半分に切る。紫玉ねぎは薄切りにし、冷水にさらしてシャキッとさせたら水気をきる。

3　1に2を入れ、あえる。器に盛り、レモンを添える。

サーモンと
長ねぎのサラダ

脂がのったサーモンに、辛味の効いた長ねぎと、さっぱりしたすだちを組み合わせて。長ねぎは冷水でシャキッとさせましょう。

材料（2人分）
サーモン（刺身用）……………………… 100g
長ねぎ（白い部分）……………………… 1/2本
A ┌ 白ごま油 ………………………… 大さじ1
　├ すだちの絞り汁 ………………… 1個分
　└ 塩 …………………………… ひとつまみ
すだちの皮のすりおろし ……………… 少々

作り方
1　ボウルにAを入れる。

2　サーモンは薄切りにする。

3　長ねぎは長さ4cmに切り、縦に切り目を入れ、中心の黄色い部分を取り除いてから細切りにする。冷水に10分ほどさらしてシャキッとさせたら水気をきる。

4　1に2を入れ、あえる。器に盛り、3をのせ、すだちの皮のすりおろしをかける。

TUNA
まぐろ

いつもはお刺身で味わうまぐろですが、
たまにはサラダで楽しむのはいかがでしょう。
何しろ“ツナ”の原料ですから、
サラダに合わないはずはないのです。
お刺身ほど高級なものを選ばなくても大丈夫。
オイルや野菜の力で、十分おいしく仕上がります。

まぐろのチョレギ風サラダ

焼肉屋さんの人気メニュー「チョレギサラダ」は、
ごま油をベースとした塩味のドレッシングで作ります。
まぐろを入れればボリューム満点。のりの風味も食欲をそそります。

材料（2人分）

まぐろ(刺身用) ……………………… 100g
玉ねぎ ……………………………… 1/2個
A ┌ ごま油、酢 …………… 各大さじ1
　├ 砂糖 ………………………… 小さじ1
　└ コチュジャン ………… 小さじ1/2
白すりごま ……………………… 小さじ1
のり(ちぎる) ………………………… 1/2枚
糸唐辛子(好みで) ……………………… 少々

作り方

1　ボウルにAを入れる。

2　まぐろは食べやすい大きさに切る。玉ねぎは薄切りにし、冷水にさらしてシャキッとさせたら水気をしっかりきる。

3　1に2を入れ、あえる。すりごま、のりを加えてサッと混ぜ、器に盛り、糸唐辛子をのせる。

SHRIMP

えび

ゆでるとほんのり赤くなるえびは、ほんの少し入れるだけで、
サラダのビジュアルがワンランクアップ。
ごちそう感まで漂うのも、うれしいところです。
くさみが気になる場合は、片栗粉をまぶしてから
洗い流すなど、下処理をしてもいいでしょう。

———————

えびの春雨サラダ

ほんのりエスニックな香りがほしいので、しょうゆとヌクマムを合わせます。
ベトナムの魚醤であるヌクマムは、タイ産のナンプラーより香りがまろやか。
春雨サラダというと中華のイメージですが、調味料次第で雰囲気は一変。

材料（2人分）
むきえび ……………………………………………… 100g
みょうが ……………………………………………… 3本
春雨（乾燥） ………………………………………… 30g
A ┌ ごま油、酢 ………………………………… 各大さじ1
　 │ しょうゆ、ヌクマム ………………… 各小さじ1
　 └ すりごま ………………………………………… 小さじ1

作り方
1　ボウルにAを入れる。

2　えびは背ワタが残っていれば取り除く。サッと
　　ゆでて半割りにする。みょうがは斜め薄切りに
　　する。

3　春雨は袋の表示通りにゆで、食べやすい長さに
　　切って冷ましておく。

4　1に2と3を入れ、あえる。

SCALLOP

ホタテ

とろりと甘い生のホタテは、サラダにしても格別な味。
しょうゆベースのドレッシングでは、
いつものお刺身と似た味わいになってしまうので、
サラダにするなら、あえて和の雰囲気を取り去ります。
組み合わせるなら、さっぱりした白ワインビネガーや、
ひと振りで洋の雰囲気を醸し出すオリーブオイルを。

ホタテと紫玉ねぎのマリネサラダ

甘酸っぱいマリネ液であえた紫玉ねぎを、大粒のホタテに添えて。
時折感じる、ケイパーのすっきりした酸味がアクセントになる、
濃淡のピンクがかわいらしいサラダです。

材料（2人分）

ホタテ（刺身用）……………………………………… 100g
紫玉ねぎ ………………………………………………… 1/8個
A［オリーブオイル、白ワインビネガー
　　………………………………………… 各大さじ1
　└ 砂糖、ケイパー ……………………………各小さじ1

作り方

1　ボウルにAを入れる。

2　紫玉ねぎは薄切りにし、冷水にさらしてシャキ
　　ッとさせたら水気をきる。

3　1に2を入れ、あえる。

4　器にホタテを盛り、上に3をのせる。

OCTOPUS

たこ

たこは、しっかりとした歯触りで
サラダにインパクトを与えてくれます。
ぶつ切りにすれば、その噛み応えで満足感いっぱいに。
薄切りにすれば、食材になじむ味わいになります。
今回は、香菜となじませたい中華サラダは薄切り、
ボリュームのほしいパスタサラダは大ぶりに切りました。

_____

たことトマトの
パスタサラダ

パスタを入れて食べ応えアップ。完熟フル
ーツトマトをソースのようにからめながら
いただきます。

材料（2人分）
ゆでだこ(刺身用) ………………………… 80g
フルーツトマト ………………………… 小 2 個
にんにくのみじん切り ………… 1/2かけ分
ロングパスタ(カッペリーニ)
………………………………………… 70g
A┌オリーブオイル、白バルサミコ酢
　│ ………………………………… 各大さじ 1
　└塩 ………………………………… ひとつまみ

作り方
1　ボウルにAを入れる。
2　たこ、トマトは食べやすい大きさに切る。
3　1に2とにんにくを入れ、あえる。
4　パスタを袋の表示通りに塩ゆでする。冷
　　水にとって冷やし、水気をよくきる。3
　　のボウルに入れてあえる。

たこと香菜の中華サラダ

しょうがと香菜を組み合わせたら、あっさ
り軽い中華風になりました。弾力あるたこ
の食感が楽しいサラダです。

材料（2人分）
ゆでだこ(刺身用) ………………………… 80g
香菜 …………………………… 1 束(100g)
A┌オリーブオイル ………………… 大さじ 1
　│かぼすの絞り汁 ……………… 1/2個分
　└しょうがの千切り …………… 1かけ分

作り方
1　Aをボウルに入れる。
2　たこは薄切りにする。香菜はざく切りに
　　して、冷水に 5 分ほどさらしてシャキッ
　　とさせたら水気をきる。
3　1に2を入れ、あえる。

おかずにもなる魚介のごちそうサラダ

COLUMN　5

おしゃれに見える盛りつけのコツ

サラダは盛りつけもおいしさを左右します。ちょっとしたことに
気を配るだけで、いつものサラダが見違えるようにおしゃれになります。

千切りサラダは高く盛る

千切りサラダは、口径が小さめの器に、
こんもりとした山をイメージして盛りつ
けます。すべてが同じ向きにならないよ
うに、少し互い違いにするのもポイント。

葉野菜は大皿にドーンと盛る

繊細な形が美しい葉野菜は、それがよく
見えるように大皿に伸びやかに盛りつけ
ましょう。他の具材と偏りがないよう、
バランスにも気をつけながら。

透明のお皿で季節感を出す

汗ばむ季節のサラダは、器も涼やかなも
のを選ぶのがおすすめ。その場合は、余
白を意識して盛りつけます。ガラスの大
皿は、ひとつ持っておくと便利です。

白いお皿で映える鮮やかなサラダ

色が主役のサラダは、キャンバスに絵を
描く気分で、真っ白なお皿を選びます。
写真のようなリムが大きめのお皿は、ま
るで額縁のようにサラダを縁取ります。

PART

6

自家製オイル漬けで
満腹おかずサラダ

ちょっとひと手間をかけるだけで、おうちのサラダがランクアップ。市販品を買うことが多いサラダチキンも、缶詰でおなじみのツナも、イタリア料理でおなじみのセミドライトマトだって、自分で作ればおいしい上にリーズナブル。冷蔵庫に入れておけば、いざというときに助かる4つのオイル漬けと、それを使ったサラダを紹介します。

RULE | 01 |

保存食にもおすすめ!
自家製オイル漬けが便利

「ちょっとボリュームが欲しい」「フレッシュなだけでなくおいしさをプラスしたい」……そんなときに実力を発揮してくれるのが、自家製のオイル漬けです。冷蔵庫で保存が利くので、時間のあるときに作り置きすると、いざというときに役立ちます。おなじみのサラダチキンをはじめ、ツナやドライトマトのオイル漬けも、これからはお店で買わなくても大丈夫! 家で作れば自分好みに、いっそうおいしく作れます。

保存のために、オイルは素材が完全にかぶるまでたっぷりと。セミドライトマトのオイル漬けは、上質なオイルを使えば、香りの移ったオイルごと料理に使える。

RULE | 02 |

スパイスを加えて、
香りを楽しむ

　せっかく自家製のオイル漬けを作るなら、アレンジを楽しんでみましょう。たとえばツナ。メインで使うまぐろやかつおは、そんなに上質でなくても十分おいしくできます。ここでこだわりたいのは、香りづけのために使うハーブやスパイス。レシピではローズマリーとクローブを入れましたが、タイムを入れてもいいし、手軽なローリエでももちろんOK。黒粒こしょうやクミンシードなど、好みのものでカスタマイズしてください。

STEAMED CHICKEN

サラダチキン

サラダにボリュームを出し、満足感を与えてくれるサラダチキン。
わざわざ市販品を買わなくても、塩とオリーブオイルさえあれば
自宅で簡単に、しかもおいしく作れます。

材料（1枚分）
鶏むね肉 ………………………………… 1枚
オリーブオイル ……………… 大さじ1
塩 …………………………………… 小さじ1/2

＊冷蔵庫で3日間保存可能。

作り方
1　鶏むね肉はフォークなどで全体に穴を開け、塩をもみ込む。

2　湯煎可能なファスナー付き保存袋に1を入れ、オリーブオイルを加えて袋の上からもみ込む。空気を抜いて密閉する。

3　厚手の鍋にたっぷりの水を入れ、強火にかける。沸騰したら火を止め、2を入れてふたをせず1時間おく。粗熱が取れたら完成。冷蔵庫で保存する。

コブサラダ

シェフのコブ氏が考案したという、アメリカ生まれのボリュームサラダ。
現地のレシピに近い、パンチの効いた味つけを再現してみました。

材料（2人分）
サラダチキン、ブルーチーズ
　………………………………… 各50g
アボカド ……………………………… 1/2個
トマト ……………………………………… 1個
ゆで卵（固ゆで） ……………………… 1個
A ┌ オリーブオイル、レモンの絞り汁、
　│ マヨネーズ、トマトケチャップ
　│ ………………………………… 各大さじ1
　└ はちみつ、カレー粉‥各小さじ1

作り方
1　Aを混ぜ合わせてドレッシングを作る。

2　具材はすべて1〜1.5cm角に切り、器に並べる。

3　食べる直前に2に1をかけ、全体をよく混ぜる。

たっぷりの具材を、スパイシーでコクのあるドレッシングでしっかり混ぜていただく。

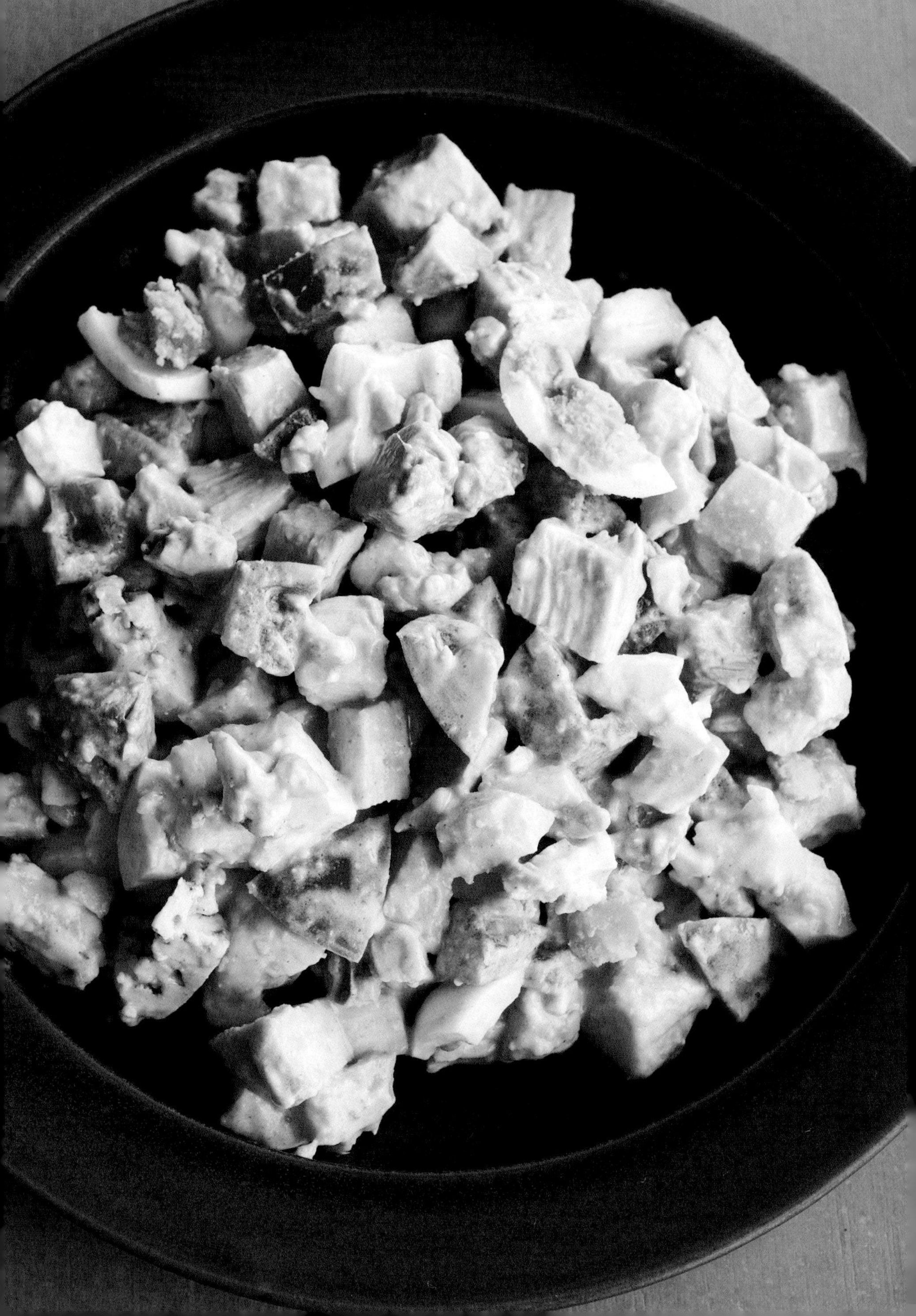

チキンときゅうりのナムルサラダ

しっとりサラダチキンで、ナムルをボリュームアップ。
パンチの効いたにんにく入りドレッシングで、満足感いっぱい。

材料（2人分）

サラダチキン ……………………… 1枚
きゅうり ……………………………… 1本
長ねぎ（白い部分）………………… 10cm
A ┌ ごま油、酢 …………… 各大さじ1
　　塩 ………………… ひとつまみ
　　にんにくのすりおろし
　　　……………………… 1/2かけ分
　　└ 赤唐辛子の小口切り ……… 1/3本分

作り方

1　ボウルにAを入れて混ぜ合わせる。

2　サラダチキンは食べやすい大きさに切る。
　　きゅうりは細切りにする。

3　長ねぎは長さ4cmに切り、それぞれ縦に
　　切り目を入れ、中心の黄色い部分を取り
　　除いてから細切りにする。冷水に10分
　　ほどさらしてシャキッとさせたら水気を
　　きる。

4　1に2、3を入れ、あえる。

チキンともやしのバンバンジーサラダ

サッとゆでた豆もやしに、サラダチキンをどーんとのせて。
ごまだれには豆板醬を入れ、ほんのり刺激をプラスしました。

材料（2人分）

サラダチキン ………………………… 1枚
豆もやし ……………………………… 1袋
A ┌ ごま油、りんご酢、ねりごま
　 │ ………………………… 各大さじ1
　 │ 砂糖 …………………………… 小さじ1
　 │ 豆板醬 ……………………… 小さじ1/2
　 └ すりごま ……………………… 小さじ1

作り方

1　ボウルにAを入れて混ぜ合わせる。

2　豆もやしはお好みでひげ根を取り除く。
　 サッとゆでて水気をきり、粗熱を取る。
　 サラダチキンは薄切りにする。

3　器に2のもやしを盛り、上にサラダチキ
　 ンをのせる。1をかける。

HOMEMADE TUNA
自家製ツナ

食べ応えのあるソリッドタイプのツナは、自家製だからこそ。
うまみの強いツナは、それ自体が調味料のような役割を果たします。
使う魚は、まぐろでもかつおでもお好みで。

材料（作りやすい分量）
まぐろ（またはかつお・ともに刺身用）
　……………………………… 1さく（200g）
塩……………………………… 小さじ1
A┌にんにくの薄切り……… 1かけ分
　│好みのハーブやスパイス（ローズマ
　└リーやクローブなど）…… 各少々
オリーブオイル…………………… 適量

＊オリーブオイルはエキストラヴァージンで
なくても十分。
＊冷蔵庫で1週間保存可能。

作り方
1　まぐろ（またはかつお）に塩をまぶし、10〜
　20分ほどおく。出てきた水気をペーパータ
　オルなどでふきとる。

2　小さめの鍋に1を入れ、オリーブオイルをか
　ぶるまで注ぐ。Aを入れ、ごく弱火で、表面
　が小さくふつふつと動いている程度の状態を
　保ち、20〜30分火を入れる（途中、10分ほど
　経ったところで上下を返す）。火を止め、粗
　熱が取れたら清潔な保存容器にオイルごと移
　し、冷蔵庫で保存する。

千切りじゃがいもとツナのサラダ

ツナのうまみが調味料にもなるから、味つけは控えめに。
黒こしょうをたっぷり振れば、ちょっと大人の味わいです。

材料（2人分）
ツナ…………………………………… 100g
じゃがいも………………………… 2個（200g）
A┌オリーブオイル、りんご酢
　│……………………………… 各大さじ1
　└塩…………………………… ひとつまみ
黒こしょう…………………………… 適量

作り方
1　ボウルにAを入れる。

2　じゃがいもはよく洗って皮をむき、細切
　りにする。鍋に湯を沸かして1分半ゆで、
　ザルに上げて水気をきり、粗熱をとる。
　ツナは食べやすい大きさにほぐす。

3　1に2を加え、あえる。仕上げに黒こし
　ょうを振る。

切り干し大根とツナのサラダ

和の食味の切り干し大根も、ツナが入れば洋の雰囲気に早変わり。
レモンは果汁と薄切りのW使い。さわやかな仕上がりになりました。

材料（2人分）

ツナ ································· 100g
切り干し大根 ····················· 20g
A ┌ ごま油 ···················· 大さじ1
  └ レモンの絞り汁 ·········· 1/4個分
レモンの薄切り ·············· 1/4個分

作り方

1 ボウルにAを入れる。

2 切り干し大根はたっぷりの水で10分ほ
   ど戻し、水気をよく絞る。食べやすい長
   さに切る。ツナはほぐす。

3 1に2を入れ、あえる。

4 器に盛り、レモンの薄切りをのせる。

無限ピーマン

ピーマンのほろ苦さとツナの味わいで、箸が止まりません。
めんつゆは、ひとつで味が決まるお助け調味料です。

材料（2人分）

ツナ ··· 100g
ピーマン ·· 4個
めんつゆ（3倍希釈）·············· 大さじ1
ごま油 ·· 小さじ1

作り方

1　ピーマンは縦半分に切って種を取り、繊維を断ち切る方向に薄切りにする。ツナはほぐす。

2　フライパンにごま油を熱し、1を強火でサッと炒める。めんつゆを加えてサッと混ぜる。

OIL PICKLED MUSHROOMS

きのこのオイル漬け

それぞれの味わいを持つきのこを、3〜4種類合わせてオイル漬け。
組み合わせるきのこによっておいしさが変わるので、
常備していても飽きることがありません。

材料（作りやすい分量）
しめじ、まいたけ、白しめじ、エリンギ
……………………………………… 各50g
オリーブオイル ………………………… 適量

＊冷蔵庫で1週間保存可能。

作り方
1　きのこ類は石づきのあるものは取り除き、
　　食べやすくほぐす。

2　鍋に湯を沸かし、1を1分ほどゆでる。
　　ザルに上げて水気をきり、粗熱を取る。

3　2を清潔な保存容器に入れ、ひたひたま
　　でオリーブオイルを注ぎ、冷蔵庫で保存
　　する。

春菊と焼きしいたけのサラダ

しっとり味をなじませたオイル漬けに、焼きしいたけを"追いきのこ"。
もちろんドレッシングはオイルなし。かぼすと塩だけでシンプルに。

材料（2人分）
きのこのオイル漬け ………………… 100g
しいたけ ……………………………… 4個
春菊 …………………………… 1束(150g)
A「かぼすの絞り汁 …………… 1個分
　└塩 ………………………………… 少々

作り方
1　ボウルにAを入れる。

2　しいたけは石づきを取り除き、中火で熱
　　した魚焼きグリルで、こんがりと焼く。
　　食べやすい大きさに切る。

3　春菊は葉を摘み、冷水にさらしてシャキ
　　ッとさせたら水気をきる。

4　1に2、3、きのこのオイル漬けを入れ、
　　あえる。

DRIED TOMATOES PICKLED IN OIL

ドライトマトのオイル漬け

まるでフルーツのような甘酸っぱさを持つセミドライトマト。
そのまま使ったり、細かく刻んでドレッシングに混ぜたり。
パスタサラダやポテトサラダのアクセントにもおすすめです。

材料（作りやすい分量）
ミニトマト …………………… 1パック
塩、オリーブオイル …………… 各適量

下準備
オーブンを100℃に予熱する。

＊オリーブオイルはエキストラヴァージンで
　なくても十分。
＊冷蔵庫で3週間保存可能。

作り方
1　ミニトマトは横半分に切り、オーブンシート
　を敷いた天板に切り口を上にしてのせる。全
　体に軽く塩を振る。

2　100℃に熱したオーブンで1を1時間ほど焼
　く。

3　2を清潔な保存容器に入れ、かぶるまでオリ
　ーブオイルを注ぎ、冷蔵庫で保存する。

ブルスケッタ

セミドライトマトの甘酸っぱさと、フレッシュなトマトを合わせて。
2種のトマトのおいしさを楽しむ、欲張りなブルスケッタ。

材料（2人分）
セミドライトマト …………… 8〜10個
ミニトマト ……………………… 5個
バジルの葉 ……………………… 2枚
バゲットの薄切り …………… 1/4本分

作り方
1　ミニトマトは4等分のくし形に切る。

2　セミドライトマトを漬けていたオリーブ
　オイル大さじ1を取り分け、ボウルに入
　れる。1とセミドライトマトを加えて、
　ざっとあえる。

3　バゲットに2をのせ、ちぎったバジルを
　のせる。

COLUMN　6

味見、味見、また味見……

　レシピ通りに作ったのに、なんだかおいしくできなかった。前回はおいしくできた料理なのに、なぜか今回はあのときのおいしさが感じられない。そんなことってありませんか？

　私もそんなことがよくあって、あるとき友人のシェフに話をしたことがあります。そのときに「味見してる？」と聞かれました。そういえば、料理番組を見ていると、どんなに熟練した料理家でもシェフでも、必ず何度も味見をしていますよね。

　サラダの場合、生でも食べられるものであれば野菜をまず一口。旬のものだから甘いなとか、噛むとうまみが出るなとか、そんなことをじっくり感じてみます。次にオリーブオイルや酢を舐めてみる。香りがいいのかとか、酸味が強いなとか。野菜と調味料を合わせた後にも、また味見。あ、さっぱりしすぎているなと思ったら塩をパラリ。そうやってあなたの思う"おいしいサラダ"を作っていってください。

PART

7

一年中食べたい
ホットサラダ

野菜であれば、そこにオイルがからんでいれば、それは間違いなくサラダ！ 冬にひんやりとしたサラダは箸が進まないけれど、ほかほかのホットサラダなら話は別。ほんのり甘い、定番人気を誇るかぼちゃサラダや、まるでデリのようなきんぴらごぼうのサラダ、ゴージャスなステーキサラダなど、寒い時季にもおいしいひと皿がいっぱいです。

RULE | O1 |

根菜はホットサラダにぴったり!

　ほっくりした食感の根菜は、つい煮物にしたくなるけれど、ときにはサラダにして味わうのはいかがでしょう?　体を温める効果を持つ根菜は、冬に味わうサラダにぴったり。和のお惣菜であるきんぴらごぼうもかぼちゃの煮物も、オイルと塩、マヨネーズなどを加えれば、あっという間におしゃれなサラダに変身。根菜ならではのほんのりとした甘味は、どこかほっとする味わい。食べ応えがあるのも嬉しいポイントです。

RULE ｜ O2 ｜

きのこ類はしっかり加熱すること

　うまみいっぱいのきのこは、おいしいサラダ作りの強い味方。ただし、残念ながらマッシュルーム以外は生で味わうことはできません。サラダに使うときは、しっかり加熱してから加えましょう。気をつけたいのは、塩分を入れるタイミング。初めから入れると水分と一緒にうまみまで流れ出てしまうので、オイルで炒めてから、仕上げに加えるようにします。すると、クタッとすることなく、プリプリの食感に仕上がります。

さつまいもと甘栗の
ココナッツオイルサラダ

ココナッツオイルの甘い香りは、さつまいもと相性ぴったり。
甘栗やレーズンを加えた、お菓子のようなサラダです。

材料（2人分）
さつまいも ……………………………… 1/2本
甘栗 ……………………………………… 100g
レーズン ………………………………… 20g
ココナッツオイル、白バルサミコ酢
　……………………………………… 各大さじ1
メイプルシロップ ……………… 小さじ1

作り方
1　さつまいもは皮ごと1.5cm角に切る。耐熱ボウルに入れ、ラップをして電子レンジ(600W)で5分間加熱する。熱いうちにココナッツオイルをからめる。

2　1に甘栗とレーズンを入れ、白バルサミコ酢、メイプルシロップを加えてあえる。

かぼちゃのパンサラダ

ほくほくのかぼちゃとさくさくラスクのコンビネーション。
はちみつでさらに甘さをプラスした、やさしい味わいのひと皿です。

材料（2人分）

かぼちゃ ………………………………………… 1/8個
ラスク …………………………………………… 5枚
りんご酢 ………………………………………… 大さじ1
A ［オリーブオイル、はちみつ ………… 各大さじ1

作り方

1　ボウルにAを入れる。かぼちゃは1cm厚さの食べ
　　やすい大きさに切り、耐熱ボウルに入れ、ラップ
　　をして電子レンジ(600W)で4分間加熱する。熱
　　いうちにりんご酢をからめる。

2　1に食べやすく割ったラスクを入れ、あえる。

ラスクの作り方

材料（作りやすい分量）

バゲットの薄切り
　（1cm暑さ）…………10枚
オリーブオイル… 大さじ5

作り方

1　バゲットの薄切りの両面
　　にオリーブオイルをたっ
　　ぷり塗り、170℃に熱し
　　たオーブンで10分ほど
　　焼く。

きのことわかめの中華炒めサラダ

炒めものも、油の香りを生かして酸味をつけたなら、立派なサラダ。
熱いうちに調味料を混ぜ込むのが、短時間で味しみの秘訣です。

材料（2人分）

エリンギ	1本
しめじ	1パック（100g）
わかめ（塩蔵）	80g
ごま油	大さじ1
A ┌ 酢	大さじ1
└ 塩	ひとつまみ

作り方

1 しめじは石づきを取り除き、ほぐす。エ
リンギは長さを半分に切り、薄切りにす
る。わかめはたっぷりの水に5分ほどつ
けて塩を抜き、ざく切りにする。

2 フライパンにごま油を中火で熱し、1を
1分ほど炒める。Aを加えてサッと混ぜる。

スクランブルエッグと
ほうれん草の中華サラダ

卵に牛乳を入れることで、やわらかくコクのあるスクランブルエッグが完成。
ほうれん草とともに、甘酸っぱいごま油ドレッシングであえて。

材料（2人分）

ほうれん草 ……… 1/2袋(100ｇ)
卵 ……………………… 2個
牛乳 …………………… 大さじ1
ごま油 ………………… 大さじ1
A ┌ ごま油、酢 …… 各大さじ1
　 └ 砂糖 …………… 小さじ1
塩(好みで) ……………… 少々

作り方

1　ボウルにAを入れる。ほうれん草はたっぷりの湯で1分ほどゆで、冷水にとる。水気を絞り、食べやすい長さに切る。

2　小さめのボウルに卵を割り入れ、牛乳を入れて溶きほぐす。フライパンにごま油を熱して、ヘラなどで大きく混ぜながらスクランブルエッグを作る。

3　1に2と3を入れ、あえる。器に盛り、好みで塩を振る。

きんぴらごぼうサラダ

和のお惣菜であるきんぴらも、マヨネーズであえるだけでサラダの装い。
ほんのり熱が残っているうちに、サッとあえると味がなじみます。

材料（2人分）

ごぼう ……………………………… 1本
にんじん ……………………………1/4本
しょうゆ、みりん、酒
　………………………… 各大さじ1
マヨネーズ ………………………… 大さじ2
白いりごま ………………………… 大さじ1
ごま油 ……………………………… 大さじ1

作り方

1　ごぼうとにんじんは千切りにする。ごぼうは5分ほど水にさらして水気をきる。

2　フライパンにごま油を中火で熱し、1を炒める。ごぼうが透き通ってきたら、酒、みりん、しょうゆを加えてさらに炒め、味がなじんだら粗熱を取る。

3　2をマヨネーズであえ、器に盛り、白いりごまを振る。

ブロッコリーのペペロンチーノサラダ

定番パスタのペペロンチーノを、ブロッコリーに置き換えて。
オイルと湯を、白くなるまでしっかり乳化させるのがポイントです。

材料（2人分）
ブロッコリー …………………… 1個
にんにくの薄切り ………… 1/2かけ分
赤唐辛子の小口切り ………… 1/2本分
塩（好みで） ………………………… 少々
湯、オリーブオイル ……… 各大さじ2

作り方

1　ブロッコリーは小房に分け、茎は薄切り
　　にする。たっぷりの湯でやや固めにゆで
　　上げ、水気をきる。

2　フライパンにオリーブオイルとにんにく
　　を入れ、弱火にかける。3分ほど経って
　　香りが立ったら、強火にして分量の湯を
　　入れ、フライパンごと大きく揺らしてと
　　ろりと白っぽくなるまで乳化させる。

3　2に赤唐辛子を入れ、1を加えてなじま
　　せる。器に盛り、好みで塩をかける。

れんこんと春菊のサラダ

れんこんの熱さがまだ残っているうちに、春菊とすばやくあえます。
すだちをたっぷりと使った、さわやかなホットサラダ。

材料（2人分）

れんこん ………………… 1/2節(100g)
春菊 ……………………… 1/2束(80g)
すだち ……………………………… 1個
A┌ 白ごま油 ……………… 大さじ1
　│ すだちの絞り汁 …………… 1個分
　│ はちみつ ………………… 小さじ1/2
　└ 塩 …………………………… ひとつまみ

作り方

1　ボウルにAを入れる。

2　春菊は葉を摘み、冷水にさらしてシャキッとさせたら水気をきる。

3　れんこんは薄切りにし、サッとゆでる。

4　1に3を熱いうちに入れ、あえる。2を加えてざっと混ぜ、器に盛り、薄い半月切りにしたすだちを散らす。

ステーキと長ねぎのサラダ

赤身の牛肉をミディアムレアに焼き上げ、長ねぎと合わせました。
パンはもちろん、白いごはんにも合う主菜感覚のサラダです。

材料（2人分）

牛ステーキ肉(フィレなど)
　……………………小2枚
長ねぎ ………………………… 1本
塩、こしょう …………… 各少々
オリーブオイル ……… 大さじ2
A ┌ 白ワインビネガー ‥ 大さじ1
　│ 粒マスタード ……… 小さじ1
　└ 塩 ………………… ひとつまみ

下準備

肉は室温に戻しておく。

作り方

1　ボウルにAを入れる。肉に塩、こしょうで下味をつける。長ねぎは斜め薄切りにする。

2　フライパンにオリーブオイル大さじ1を強火で熱し、1の肉を片面1分程度ずつ焼く。触ってみて肉に弾力が出ていたら取り出し、アルミホイルに包んでしばらく置いて余熱で火を通し、肉汁を落ち着かせる。粗熱が取れたら、食べやすい大きさに切る。

3　フライパンにオリーブオイル大さじ1を足し、中火で熱する。1の長ねぎを入れてサッと炒める。

4　1に3を入れ、あえる。2を加えてざっと混ぜる。

INDEX

食材別さくいん

おわりに

サラダは頑張らなくていい。
"シンプルでおいしい"が一番！

　クックパッドに、初期メンバーとして関わり、気がつくと17年以上も立ちました。日本中のたくさんの家庭から生まれた、おいしいアイデアにあふれたレシピは、国内では約352万品（2021年3月31日現在）。長きにわたり、膨大なクックパッドのレシピを見てきましたが、その中で人気があるレシピに共通するのは、"シンプルだけど、とってもおいしい"。なんだか当たり前なことなんですよね。

　今回、本書でご紹介しているサラダは、私が愛してやまないサラダを、"シンプルでおいしい"を切り口として日々作っているもの、そして家族にとても喜んでもらったものを紹介しています。

　野菜の力は偉大です。だからこそ、作り手は頑張り過ぎず、野菜の力を信じて、思いっきりシンプルに味つけをしてみてください。「あれ？これでいいの？」くらいが実は一番おいしいと気がつくはずです。

　この本では基本のレシピに加え、たくさんの"ヒント"を詰め込みました。食材の組み合わせ、ハーブやスパイス使い、味のバリエーション……私の作るサラダから、何かしらのインスピレーションを得て、みなさんがそれぞれに、あなたのサラダを楽しみながら作ってくだされば、とても嬉しく思います。

小竹貴子

こたけたかこ

クックパッド株式会社Evangelist、コーポレートブランディング部本部長。
石川県金沢市生まれ。株式会社博報堂アイ・スタジオでWEBディレクターを経験後、2004年有限会社コイン（後のクックパッド株式会社）入社。2006年編集部門長就任。日経WOMAN「ウーマンオブザイヤー2010」を受賞。個人活動として料理教室なども開催しており、シンプルでわかりやすいと生徒から人気を博す。著書に『ちょっとの丸暗記で外食レベルのごはんになる』（日経BP）がある。
Instagram@takakodeli

STAFF

デザイン／松本 歩、橋下 葵（細山田デザイン事務所）
撮影／キッチンミノル
撮影協力／高橋 結、松井あゆこ
編集協力／福山雅美
編集／松本あおい

驚くほどシンプルでおいしくなる

サラダのアイデア帖

2021年9月16日　第1版第1刷発行

著者	小竹貴子
発行者	岡 修平
発行所	株式会社PHPエディターズ・グループ
	〒135-0061　東京都江東区豊洲5-6-52
	☎03-6204-2931
	http://www.peg.co.jp/
発売元	株式会社PHP研究所
東京本部	〒135-8137　江東区豊洲5-6-52
普及部	☎03-3520-9630
京都本部	〒601-8411　京都市南区西九条北ノ内町11
PHP INTERFACE	https://www.php.co.jp/
印刷・製本所	凸版印刷株式会社

©Takako Kotake 2021 Printed in Japan
ISBN978-4-569-85005-4